月めくり!

書き込んで 使える

飲食店のための

安全・健康12カ月

中央労働災害防止協会

飲食店のための 安全・健康12カ月 の使い方

今月の安全と健康のポイント
今月特に注意したいテーマを紹介。
朝礼で内容を確認したり、このテーマから思いつく
話題をみんなが順番に発表するような使い方も。

今月のワンポイント
今月おさえておきたいポイント。

今月のチェック！
お店の目標や計画、感想などを書き込もう。

イベント、安全・健康行事
四季や地域に合わせたイベントを頭に入れておこう。
お店独自の安全・健康づくり活動のヒントにしよう。

お客様の安全
お客様の安全のポイントをチェック！

巻末チェックリスト
年間を通して使えるチェックリスト。
店長、マネージャー、リーダー向けの情報もあり。

☆マグネットやクリップで掲示しよう
☆書き込んで、オリジナルな月めくりに
☆QRコードで、関連した情報にGO!
☆いつからでも、繰り返して使える

朝礼のネタ
にもなるよ。

休憩室やスイングドアの
内側など、目につきやすい
場所に張って活用してね。

目につくところに張って、安全・健康意識を高めよう！

飲食店で働く人のうち、毎年約5,000人もの人が休業4日以上のケガをしています

特に注意したいケガはこれ!

転倒

レストランの厨房で
お昼前後の混雑で慌てて転倒

切れ・こすれ

包丁でかぼちゃを
切っていて、手を切る

やけど

お客様に気をとられながら
コーヒーをつぎ、手をやけど

こんな事例も…

開店前・閉店後の準備や
片づけに追われて
疲労がたまる

お客様や上司・同僚との
対人トラブルに巻き込まれて
体調を崩す

休むほどではないケガをした人はもっといます

労働者死傷病報告（厚生労働省）、過労死等をめぐる調査・分析結果
（平成30年版過労死等防止対策白書（厚生労働省）より）

労働災害分析データ
（中央労働災害防止協会）

お客様の安全はもちろん、働く仲間の安全・健康も大切に!

4月 あいさつでグッドコミュニケーション

あいさつは安全に仕事をするための基本

「**おはようございます**」
「**いらっしゃいませ**」
自分から声をかけ、
かけられたら返事をしよう。

あかるく
いつでも
さきに
つづける

身だしなみ・準備はOK？

清潔な服装、髪型でお客様にもスタッフ同士も好印象を。
仕事の流れ、お店の情報をチェックしてから仕事にかかろう。

身だしなみチェック!

- ☑ 髪型
- ☑ お化粧・ひげ
- ☑ 服装（制服）
- ☑ 名札
- ☑ 爪
- ☑ 靴下・靴

お店の情報もチェック!

- ☑ 今日のおすすめメニュー
- ☑ 近隣のイベント
- ☑ お天気
- ☑ シフトメンバー
- ☑ 連絡事項

毎日の
点検事項は巻末に！

4S〈整理・整頓・清掃・清潔〉しよう 続けよう

整理(seiri)：必要なものと必要でないものを分け、必要でないものは処分

整頓(seiton)：必要なものを、使いやすいように収納

清掃(seisou)：ゴミや汚れを取り除き、きれいな状態に

清潔(seiketu)：きれいに清掃した状態を保つ

「しつけ」や「習慣」を加え「5S」ということも。

お店の中だけでなく、外回りも「4S」の視点で見てみよう。

今月の
ワンポイント　**新しい仲間にも　わかりやすく**

お客様の
安全　あいさつ・身だしなみ・4Sは接客の基本です。
お客様の安心、安全なおもてなしにつながります。

今月の
チェック!

5_月 切れ・こすれ災害を防ごう

イベント ――
こどもの日、母の日
安全・健康行事 ――
禁煙週間

こんなところに要注意！

調理中、清掃中に刃物で

ナイフや割れた食器

缶のあけ口

ゴミに混ざっていた竹串

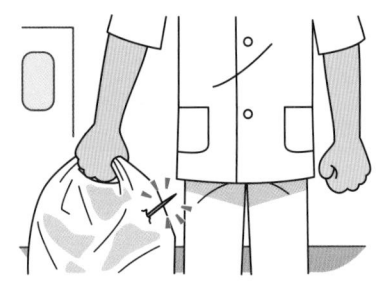

どんなときに？

お店が混んできたとき
⇒　一呼吸おいてから、スピーディーに対応するのがコツ

お客様にせかされたとき
⇒　あとどれくらいかかるか時間を示そう

機器の使い方が分からないときに
⇒　他のスタッフに尋ねて、理解してから使おう

食品加工用機械ではこんな災害が起きている

食品加工用機械の
刃部に触れ
手を切った

フードプロセッサーに
食品を入れながら
起動して、手を切った

切れ・こすれ災害に
あわないためには・・・

1 事前に正しい使い方を知っておく
　（教えてもらう、マニュアルを読む）

2 必要に応じて保護具を使う
　（保護手袋、鍋つかみ、滑りにくい靴など）

3 機械の清掃・修理を行うときは、電源を切ってから

**今月の
ワンポイント**　　**慣れた作業も気を抜かず**

**お客様の
安全**　お店の備品が壊れていたり、お皿やコップにヒビが入っていると、
お客様にケガをさせてしまうことにもなりかねません。
見つけたときは、すぐに修理・交換しましょう。

今月の
チェック！

6月 自分にあった生活リズムを見つけよう

食べ方を意識してみよう

☐ 1日3回食べている
☐ 決まった時間に食べている
☐ 栄養のバランスを考えている
☐ アルコールは適量（ビール中ビン1本）にしている

カラダを動かそう

☐ 階段を使うようにしている
☐ 歩数を増やすように工夫している
☐ スキマ時間に体をストレッチしている
☐ 1週間に1度以上、汗をかくくらいの運動をしている

睡眠で 疲労回復しよう

☐ 就寝1時間前からアルコールやカフェインを控えている
☐ 寝る直前はテレビ・スマホを見ていない
☐ 季節にあわせて寝る環境を整えている
☐ 起きたときに朝の光を浴びている

ストレスを解消しよう

☐ 発散する(歌う、しゃべる、踊るなど)
☐ 動く(運動する、旅行する、食べるなど)
☐ 静かに過ごす(読書する、鑑賞する、入浴する、寝るなど)
☐ なごむ(友達やペットと過ごす、自然に触れるなど)

今月の ワンポイント コンディションよく働こう

お客様の 安全 雨の日は、出入口や傘からこぼれるしずくで床が濡れている場合があります。傘立てや傘袋を用意するなど、事前に床を濡らさない工夫をしましょう。

今月の チェック!

7月

身の回りの「安全」を見直そう

危険の見える化をしよう

災害が起こった（または起こりそうな）場所を確認しよう。

裏の出入り口で
風が吹いてドアがしまり、
手をはさんだ

包丁で手を切った

雨の日に、
濡れた床で滑った

お客様の荷物に
足を引っかけた

☆ 過去の災害事例を掲示して、注意を促そう。「注意！○○年にここで指をはさむケガ発生！」

ハザードマップ（危険予知地図）を作ろう

☆通勤時、配達時の交通安全のためにお店のまわりの安全を確認しよう。

☆初めての道を通ったり、時間に追われたりすると想定以上に時間がかかることも。

☆飲酒運転は絶対にしない、させない。

禁止
× スマホを見ながら、運転したり、歩いたりする
× 傘をさして自転車に乗る

リスク アセスメントとは？
（危険）（評価）

職場にある危険なことや有害なものを見つけ出し、危険の程度（リスクの大きさ）を予測して、必要な対策をとり、災害を発生させないようにする手法。

「PDCA」を回すとは？
（ピーディーシーエー）

しっかりと計画を立て、目標（目的）に向かって実施する。結果を評価して、うまくいかなかったことを反省、改善し、次は失敗しないように計画を立てる。
職場の安全衛生活動のPDCAを回してレベルアップしていこう。

Act（改善）
Plan（計画）
Do（実施）
Check（評価）

お客様の安全 夏休みが始まると、お子様連れのお客様が増えます。半袖、半ズボンのお客様も多くなりますので、熱い鉄板やカップなどによるやけどには注意しましょう。

今月のチェック！

8月

屋内でも?! 気を付けよう熱中症

イベント ——
夏休み、山の日、花火大会、盆踊り、夏祭り
安全・健康行事 ——
食品衛生月間

熱中症は炎天下だけでなく、屋内でも起こる

厨房では調理のための火やオーブンなどの周囲の
熱などで、体温調整ができにくい環境になることも。

のどのかわきを感じる前に
水分と塩分の補給を。

休憩の時は、衣服にこもった
熱を放つようにしよう。

換気扇や空調機は定期的に掃除しよう。

どう過ごしている？ 休憩時間

疲れやストレスの解消のために、好きなことをしたりして、
仕事から離れた時間を過ごそう。

- ゲーム
- まかないを食べる
- スマホ
- 読書
- 涼しい場所で休む
- 散歩がてら買物
- 仮眠をとる
- コーヒーを飲む

よし、休憩おわり。
ピーク時もガンバルゾ！

自分が体調不良になったり、仲間の体調が悪そうだと
気が付いたときは、すぐに上司や同僚に伝えよう。

**今月の
ワンポイント　夜更かし、深酒は体調不良のもと**

**お客様の
安全**
厨房が暑くなったり、ホールが寒くなりすぎたりしないように、
混み具合やお客様の様子を見てフロアごとの温度や湿度、
風向に気を配りましょう。

今月の
チェック！

9月

いざ、というときに備えよう

イベント
敬老の日、運動会、秋の味覚

安全・健康行事
心とからだの健康推進運動、防災の日、救急の日、秋の全国交通安全運動

地震発生！ お客様と自分の身を守ろう

・お客様とともに丈夫なテーブルの下や、物が落ちてこない空間に身を寄せ、揺れがおさまるまで様子を見る

↓

火の元の確認

↓

出口を確保

↓

・情報を確かめ、お客様を誘導
・慌てて外に飛び出さない

事前にできることはしておこう

・棚などを固定する
・避難経路、非常口をきちんと管理する
・落下しやすいものをなくす
・災害を想定した訓練をしておく
・緊急時の連絡先をまとめておく
・停電になったときの対処法を知っておく

もし、具合の悪い人がいたら・・・

応急措置の方法やAED（心臓に電気ショックを与える器具）の設置場所を知っておこう。いざという時はAEDの音声等に従って操作しよう。

☆大規模な商業施設やホテル等はAED設置推奨場所となっている。

☆定期的な訓練、メンテナンスも忘れずに。

困ったお客様がいたら・・・

深夜や早朝などスタッフの少ない時間帯での突発的な出来事や困ったお客様への対応方法は事前に聞いておこう。

中には悪質なクレーマーや酔っ払ったお客様もいる。冷静な対応を心がけよう。

❶ お客様の話をよく聞く
❷ 状況によりお詫びをする
❸ できる限り複数で、適切な対応を迅速にする

思いがけない行動をするお客様や混雑時の対応など、自分の思うとおりにならない場面もあります。自分がほっとできるものを見つけておき、短時間でもリラックス＆リフレッシュできるとよいですね。

こころの耳
（厚生労働省）

今月の ワンポイント 慌てたときこそ　深呼吸

お客様の 安全 外国人観光客など、言葉が通じないお客様を迎えることもあります。簡単なフレーズを覚えたり、身ぶり・手ぶり、筆談、写真付きメニューなどでコミュニケーションを図りましょう。

今月の チェック！

10月 正しい姿勢で腰痛を防ごう

イベント
ハロウィン、秋の行楽、体育の日、学園祭
安全・健康行事
全国労働衛生週間、体力つくり強調月間

こんなところに要注意！

仕事中の無理な姿勢などによる腰痛が原因で4日以上仕事を
休む人は年間15,000人　（厚生労働省「労働者死傷病報告」より）

無理な姿勢で

急な動作で

一人で

長時間立ったままで

正しい持ち上げ姿勢を身につけよう

肩幅くらいに足を開いて、荷物になるべく身体を近づけ
て十分に腰を落とす。
下半身の力を使って膝を伸ばし、荷物を真上に持ち上げる。

やってみよう　予防しよう

・立ち作業と他の作業を組み合わせたり、小休止をとる。

・やわらかい靴、クッション性のよい靴を選ぶ。

・重いもの、熱いものを運ぶ場合はできるだけ台車などを使う。

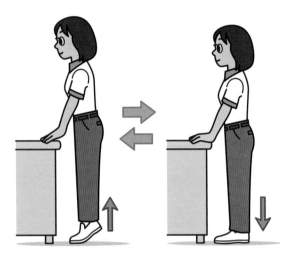

・手待ち時間にかかとの上げ下げで、足のむくみを防ぐ。

今月の ワンポイント　スキマ時間にストレッチ

スマホ姿勢大丈夫？

目の疲れ、肩こり、手や指の痛みはスマホのし過ぎが原因かも。
カラダを動かしてリフレッシュ！

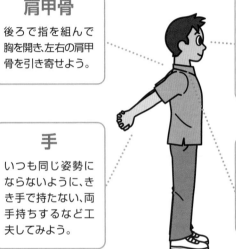

肩甲骨
後ろで指を組んで胸を開き、左右の肩甲骨を引き寄せよう。

目
軽く目を閉じたり、遠くを眺めたりして、画面から目を離し休めよう。

手
いつも同じ姿勢にならないように、きき手で持たない、両手持ちするなど工夫してみよう。

首
首を前後左右にゆっくり倒したり、回したりしてみよう。

お客様の 安全　季節にあわせて店内を飾ったり、新メニューをPRすることはよくあります。ポスターがはがれたままになったり、看板や装飾品が風で飛んだりすることがないように注意しましょう。

今月の チェック！

11月

身近にある やけどの危険

イベント
七五三、勤労感謝の日
安全・健康行事
過労死等防止啓発月間、秋季全国火災予防運動

こんなところに要注意！

作業スペースが狭い

オーブンや器が熱かった

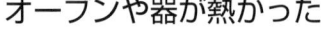

お客様の呼びかけに ふりむいて

すみませ〜ん

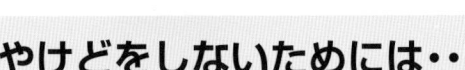

通路が暗い

油がはねた

やけどをしないためには・・・

1 熱いものを持っているときは、
声をかけて周りにも知らせる

2 鍋つかみ、やけど防止手袋、長エプロン、
長靴などを必要に応じて使う

3 壊れた調理器具を使わない

火事発生?!

火を扱うことが多い飲食店では火災時に備え、正しく行動できるように訓練しておこう。

まず、119番
↓
状況に応じて初期消火
↓
お客様の誘導・避難

頭を低くして!

ガス漏れ警報器が鳴った!

ガスレンジの不完全燃焼で一酸化炭素中毒が発生することも。

火を消す
↓
ガス栓を閉める
↓
窓を開けて換気
（警報音がとまる）
↓
ガス会社へ連絡

★換気扇や電灯などのスイッチやコンセントなど着火源になるものに触らないこと

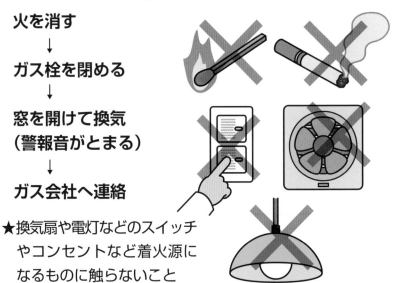

いざという時の連絡先を巻末のリストに書いておこう!

お客様の 安全　熱い器や汁物など、お客様が扱うものにも使い方を誤るとケガにつながる場合があります。
注意が必要なものは一声かけて提供しましょう。

今月の チェック!

12月 徹底！感染症を寄せつけない

手洗いを徹底しよう

手洗いのタイミング
- ■調理場に入る前
- ■生鮮食品等に触れた後
- ■廃棄物を処理した後
- ■トイレの後　　　など

手や指に傷がある場合は、決められた対処方法をしましょう。
作業着は清潔にしておきましょう。

おさらいしよう　手洗い方法

1. 水で手をぬらし石けんをつける
2. 指（指先、指の間も）、腕を洗う（30秒）
3. 石けんを洗い流す（20秒）
4. ペーパータオル等でふく（タオルの共有はしない）
5. 消毒用のアルコールをかけて手指にすりこむ

知っておこう 食品の衛生管理　3つの原則

☆食品の取り扱い、調理器具の管理を
　きちんとしよう

☆食材が入っている箱にむやみに
　他のものを載せない

☆食材を床に置かない

細菌を
1 付けない
2 増やさない
3 やっつける
（殺菌する）

冬場はこんなところにも要注意！

閉店後などに排水路
の水が動かなくなる
と、目、皮膚、粘膜を
刺激する強い刺激臭
（硫化水素中毒）が発
生することがある。

今月の
ワンポイント　**掃除、メンテナンスは手を抜かず**

必須！飲食店でのHACCP(ハサップ)

~食の安全を確保する仕組み~

原材料をどう受け入れ、保管し、食品にあわせた調理を行うか。
また、器具類の洗浄・消毒、従業員の健康管理など、安全な食の
提供を確実に行うことが求められている。

| グループ1 加熱しない食品 | グループ2 加熱してすぐ提供する食品 | グループ3 加熱と冷却をくりかえす食品 |

お客様の
安全　お客様がものをこぼしてしまったり、嘔吐してしまう
こともあります。適切な対処方法を身に付けておき、
さっと動けるようにしておきましょう。

今月の
チェック！

1月

伝えよう 共有しよう
報告・連絡・相談（ほう・れん・そう）

報告：仕事の進み具合や状況を共有しよう

トラブルやミスは早く対処することで、
迷惑のかかる範囲が広がることを防げる。

連絡：情報を伝えよう

現場の情報、管理者が知っ
ている情報を伝えること
で仕事がスムーズに進め
られる。勤務時間があわ
ない人とは、掲示板や連
絡ノートなどを活用し
て確実に伝達しよう。

相談：アドバイスを受けよう

仕事内容や安全な作業
方法などわからないこ
とは、上司や同僚に尋ね
て解決しよう。

ヒヤリ・ハットを共有しよう

もう少しでケガをしそうになりヒヤリとした、
ハッとした体験を職場のみんなで共有しよう。
その話をきっかけに、職場を改善したり、
手順を見直したりすることにつなげよう。

フォークを洗っていたら、指に刺さりそうになってしまって…

私も以前、そういうことがありました。

食器を洗う際は手袋をしよう。シンクの下の引き出しに用意してあるよ。
シンク回りはいっぱいにならないように、みなで気を配ろう。それから、先の鋭くないフォークを導入できないか本部に連絡してみるよ。

今月の ワンポイント　新しいことを始めてみよう

お客様の 安全　お客様の声をお店づくりに反映させていくことは大切です。
お客様の意見はお店で共有し、愛されるお店づくりに
役立てましょう。

今月の チェック！

2月 身近なところで転倒災害

こんなところに要注意！

仕事中に転倒したことで4日以上仕事を休む人は年間30,000人

（厚生労働省「労働者死傷病報告」より）

すべる
・お店の入り口付近の雨や雪で濡れたフロアで
・厨房でこぼれた油や水、食材を踏んで
・厨房の清掃を水をまきながらしていて
・凍った道路で

つまずく
・ステーキ皿を腕に乗せ、段差のあるフロア内を急いで往復していて
・納入された食材入り段ボールに気づかずに
・乾いた床で靴が引っかかって
・お客様の荷物が通路に出ていて

踏み外す
・スマホの地図を見ながら階段を歩いていて
・配達先の暗い通路で

転倒しないためには

1 こぼれた水や油はすぐに清掃しよう
2 靴の底がすり減っていたら交換しよう
3 ものの置き場を決めて、不要品は片づけよう
4 表示などで注意喚起しよう
5 地図などの確認は、立ち止まってしよう

改善事例

アルバイトの学生が革靴のまま配膳中に、
すべって転倒。お客様の衣服も汚してしまった。

滑りにくい作業靴を
ロッカーに置き、
履き替えることにした。

**今月の
ワンポイント** 足元に注意しよう

**お客様の
安全** 高齢者の視点で店内の段差について注意を促しましょう。
子供に伝えたい注意事項は、子供の目につきやすい高さに、
ひらがなやイラストで示しましょう。

今月の
チェック!

3月

仲間とつくる 働きやすいお店

イベント ——
ひなまつり、ホワイトデー、卒業式、送別会
安全・健康行事 ——
春季全国火災予防運動

安全なお店環境をつくる

施設や設備は自分たちで改善することが難しいところもあるけれど、工夫できる範囲で安全な職場環境をつくろう。

通路

厨房内でスタッフ同士がすれ違う時は、声をかけあおう。

場所によっては、明るさが十分でない場合も。
上司に相談して、照明器具の増設などを検討してもらおう。

設備

棚の上段に重いものを置いたり、容器を積み過ぎると落下してくることがある。

作業

季節に合わせた飾りつけや
キャンペーンポスターの交換などの際は、
脚立などを正しく使おう。

天板に乗らない

またがらない

飲食店でよくあるクレーム

・料理が出てくるのが遅い
・店員の接客態度が悪い
・頼んだものと違うものが来た
・他の客がうるさい

飲食店でよくある悩み

・売上目標の達成
・店員同士のトラブル
・酔っ払い客への対応
・うまくシフトを組めない
・パート・アルバイトが集まらない

みんなで話し合うと、よい知恵が出ることも

今月の ワンポイント ── **新たな気持ちで次年度を迎えよう**

お客様の 安全 ── お客様の立場に立って、自分のお店を見てみると新たな発見があるかもしれません。自分がお客として飲食店に入ったときにも、どんな工夫がされているか観察してみましょう。

今月の チェック!

店長、マネージャー、リーダーさんへ

報・連・相をスムーズに

店舗スタッフから報告・連絡・相談を受けるとともに、本部スタッフへ報告・連絡・相談する役目もあります。店長は店舗運営の中心となって、双方の情報交換をスムーズに行う役目を果たしましょう。

安全の担当者はいますか？

労働者が10人以上の事業場では衛生推進者または衛生管理者の選任が義務づけられています。また、その選任義務のない事業場でも安全管理を担当する「安全推進者」を定め、労働災害の防止を進めていくことが求められています。

安全推進者の役割

(ア) 店舗環境や作業方法の改善に関すること
店舗内の整理整頓の推進、床の凸凹面の解消等職場内の危険個所の改善、刃物や台車等道具の安全な使用に関するマニュアルの整備等を行う

(イ) 働く人の安全意識の啓発や安全教育に関すること
朝礼等の場所を活用した労働災害防止に係る意義の周知・啓発、荷物の運搬等の作業に係る安全な作業手順についての教育・研修などを行う

(ウ) 関係行政機関に対する安全に係る各種報告、届出等に関すること
労働災害を発生させた場合における労働者死傷病報告の作成、及び労働基準監督署長への提出等

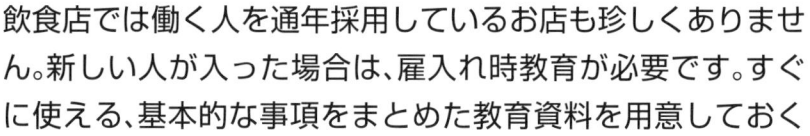

安全推進者
（職場のあんぜんサイト）

アルバイトやパートの人にも

パートやアルバイトの人に対しても安全衛生教育は必要です。仕事に慣れていないため、不安全な行動をとってしまい、災害を招くことになりかねません。

飲食店では働く人を通年採用しているお店も珍しくありません。新しい人が入った場合は、雇入れ時教育が必要です。すぐに使える、基本的な事項をまとめた教育資料を用意しておくとよいでしょう。

転倒防止のためのチェックリスト

チェック項目

❶ 身の回りの整理・整頓を行っていますか。通路、階段、出口に物を放置していませんか ☐

❷ 床の水たまりやこぼれた氷、油、粉類は放置せず、その都度取り除いていますか ☐

❸ 段差のある所や滑りやすい場所などに、注意を促す標識をつけていますか ☐

❹ 安全に移動できるように十分な明るさ（照度）が確保されていますか ☐

❺ ヒヤリ・ハット情報を活用して転倒しやすい場所の危険マップを作成し、周知していますか ☐

❻ 職場巡視を行い、通路、階段などの状況をチェックしていますか ☐

❼ 荷物を持ちすぎて足元が見えないことはありませんか ☐

❽ ポケットに手を入れたり、人と話したり、スマートフォンを使いながら歩いていませんか ☐

❾ 仕事をするときの靴は、滑りにくさを考えて選んでいますか ☐

❿ ストレッチ体操や転倒予防のための運動を取り入れていますか ☐

（厚生労働省 転倒防止プロジェクト参照）

衛生管理点検表

従業員等の衛生管理点検表　　　　　　　　　　　　　　　　　　　　　年　　　月　　　日

氏名	体調	化膿創	服装	帽子	毛髪	履物	爪	指輪等	手洗い

責任者	衛生管理者

	点検項目	点検結果
1	健康診断、検便検査の結果に異常はありませんか。	
2	下痢、発熱などの症状はありませんか。	
3	手指や顔面に化膿創がありませんか。	
4	着用する外衣、帽子は毎日専用で清潔のものに交換されていますか。	
5	毛髪が帽子から出ていませんか。	
6	作業場専用の履物を使っていますか。	
7	爪は短く切っていますか。	
8	指輪やマニキュアをしていませんか。	
9	手洗いを適切な時期に適切な方法で行っていますか。	
10	下処理から調理場への移動の際には外衣、履物の交換（履物の交換が困難な場合には、履物の消毒）が行われていますか。	
11	便所には、調理作業時に着用する外衣、帽子、履物のまま入らないようにしていますか。	

		立ち入った者	点検結果
12	調理、点検に従事しない者が、やむを得ず、調理施設に立ち入る場合には、専用の清潔な帽子、外衣及び履物を着用させましたか。		

（改善を行った点）

（計画的に改善すべき点）

厚生労働省「大量調理施設衛生管理マニュアル」より

落ちついて、119番通報メモの項目にそって通報してください。

119番通報メモ

1 火事ですか・救急ですか？

▶ 火事です・救急です

2 住所

▶ 市・区・町・村
　　　　町　　丁目　　番　　号
建物（ビル）の名称・階数・店名は・・・

3 何が燃えていますか

▶ （出火箇所はどこですか？）

4 目標となるもの

▶ 近くにある目標となるものは・・・

5 通報者の氏名

▶ あなたの氏名

6 通報者の電話番号

▶ 電話番号

ISBN978-4-8059-1850-0

C3060 ￥700E

定価（本体700円+税）

27136-0101

飲食店のための　安全・健康12カ月
平成31年1月31日　第1版第1刷発行
編　者　中央労働災害防止協会
発行者　三田村　憲明
発行所　中央労働災害防止協会
〒108-0023　東京都港区芝浦3-17-12
　　　　　　　吾妻ビル9階
TEL／販　売　03-3452-6401
　　／編　集　03-3452-6209
ホームページ　https://www.jisha.or.jp
印　刷　株式会社 太陽美術
イラスト・デザイン　株式会社 アルファクリエイト